آری وَ آلیا

**You are the
asal to my zanbúr
the tadíg to my polo &
the nabát to my cháí**

Pronunciation Guide©

Persian	English	Pronunciation
اَ	a	ant
آ	á	arm
ب	b	bat
د	d	dog
اِ	e	end
ف	f	fun
گ	g	go
ه	h	hat
ح	h	hat
ی	í	meet
ج	j	jet
ک	k	key
ل	l	love
م	m	me
ن	n	nap
اُ	o	on
پ	p	pat
ق	q/gh*	merci
ر	r	run
س	s	sun
ص	s	sun
ث	s	sun

Persian	English	Pronunciation
ت	t	top
ط	t	top
و	ú	moon
و	v	van
ی	y	yes
ذ	z	zoo
ز	z	zoo
ض	z	zoo
ظ	z	zoo
چ	ch	chair
غ	gh*	merci
خ	kh*	bach
ش	sh	share
ژ	zh	pleasure
ع	ʼ	uh-oh†

- ***** : guttural sound from back of throat
- **†** : glottal stop, breathing pause
- ّ : Indicates a double letter
- ْ : Indicates the letter n sound
- لا : Indicates combination of letter l & á (lá)
- ای : Indicates the long í sound (ee in meet)
- اِی : Indicates the long í sound (ee in meet)
- (...) : Indicates colloquial use

Englisi	Farsi		Englisi	Farsi		Englisi	Farsi
A a	اَ ـَ		M m	م ـمـ مـ mím		Y y	ی ـیـی ye
Á á	آ ا ا 'alef		N n	ن ـنـن nún		Z z	ذ ـذ zál
B b	ب ـبـب Be		O o	اُ ـُ		Z z	ز ـز ze
D d	د ـد dál		P p	پ ـپـپ pe		Z z	ض ـضـض zád
E e	اِ ـِ		Q q	ق ـقـق qáf		Z z	ظ ـظـظ zá
F f	ف ـفـف fe		R r	ر ـر re		**Ch** ch	چ ـچـچ che
G g	گ ـگـگ gáf		S s	س ـسـس sin		**Gh** gh	غ ـغـغ ghayn
H h	ه ـهـه he		S s	ص ـصـص sád		**Kh** kh	خ ـخـخ khe
H h	ح ـحـح he		S s	ث ـثـث se		**Sh** sh	ش ـشـش shín
Í í	ی ـیـی ye		T t	ت ـتـت te		**Zh** zh	ژ ـژ zhe
J j	ج ـجـج jim		T t	ط ـطـط tá		'	ع ـعـع ayn
K k	ک ـکـک káf		Ú ú	و وو váv			
L l	ل ـلـل lám		V v	و وو váv			

Letter Guide©

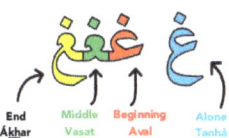

End Ákhar | Middle Vasat | Beginning Aval | Alone Tanhá

The Persian Alphabet

We want to simplify your Persian learning journey as it is such a unique & enigmatic language. There are 32 official Persian letters. The letters change form depending on their position in a word or when they appear separate from other letters. For example, the letter ghayn غ has four ways of being written depending on where it appears in any given word:

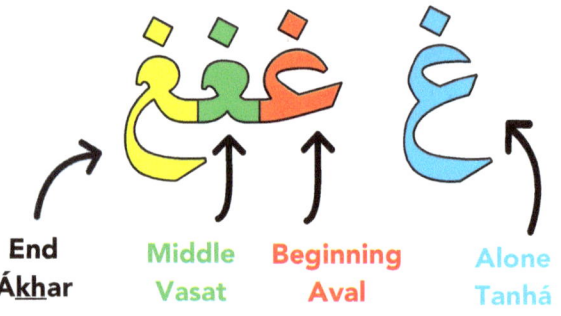

End
Á<u>kh</u>ar

Middle
Vasat

Beginning
Aval

Alone
Tanhá

It is important to note that Persian books are read from right to left (←). There are 7 separate/stand-alone letters that do not connect in the same way to adjacent letters (these will not be depicted in red). They are:

Stand alone
Tanhá vámístan

The short vowels a, e & o are usually omitted in literature and are depicted by markings above & below letters (ُ َ). They are not allocated a letter name, unlike their long vowel counterparts á: alef, í: ye & ú: váv (و ی آ).

Dog

Sag
سَگ

Cat

Gorbeh

گُربه

Horse

Asb

اَسب

Rabbit

Khargúsh
خَرگَوش

ú: as (oo) in m<u>oo</u>n

Hen

Morgh
مُرغ

Rooster

Khúrús
خُروس

ú: as (oo) in m<u>oo</u>n

Sheep

Gúsfand

گَوسفَند

ú: as (oo) in m<u>oo</u>n

Cow

Gáv

گاو

á: as (a) in arm

Pig

Khúk

خوک

ú: as (oo) in m<u>oo</u>n

Duck

Ordak

أُرَدَك

Donkey

Khar
خَر

Goat

Boz

بُزْ

Elephant

Fíl

فيل

í: as (ee) in m<u>ee</u>t

Mouse

Músh

موش

ú: as (oo) in m<u>oo</u>n

Lion

Shír
شير

í: as (ee) in m<u>ee</u>t

Tiger

Babr

بَبر

Giraffe

Zarráfeh

زَرّافِه

á: as (a) in arm

Zebra

Gúre<u>kh</u>ar

گورِخَر

ú: as (oo) in m<u>oo</u>n

Snake

Már

á: as (a) in <u>a</u>rm

Crocodile

Temsáh
تِمساح

á: as (a) in <u>a</u>rm

Bear

Khers

خِرس

Monkey

Meymún

ميمون

ú: as (oo) in m<u>oo</u>n

Turtle

Lákpo<u>sh</u>t
لاک پُشت

á: as (a) in <u>a</u>rm

Peacock

Távús

طاووس

á: as (a) in arm
ú: as (oo) in moon

Hippopotamus

Asbe ábí

اَسبِ آبی

e: as (e) in end
á: as (a) in arm
í: as (ee) in meet

Rhinoceros

Kargadan
کَرگَدَن

Ostrich

S̲h̲otor morgh

شُتُر مُرغ

Camel

Shotor
شُتُر

Wolf

Gorg
گُرگ

Panther

Palang
پَلَنگ

Fox

Rúbáh

روباه

ú: as (oo) in m<u>oo</u>n
á: as (a) in <u>a</u>rm

Kangaroo

Kángoro

کانگورو

á:　as (a) in <u>a</u>rm

www.ingramcontent.com/pod-product-compliance
Lightning Source LLC
Chambersburg PA
CBHW061750290426
44108CB00028B/2948